Impressum
Verlag: BABADADA GmbH, Nedderfeld 112 , 22529 Hamburg
Geschäftsführer / Verlagsleitung: Harald Hof
Druck: Books on Demand GmbH, In de Tarpen 42, 22848 Norderstedt

Imprint
Publisher: BABADADA GmbH, Nedderfeld 112 , 22529 Hamburg, Germany
Managing Director / Publishing direction: Harald Hof
Print: Books on Demand GmbH, In de Tarpen 42, 22848 Norderstedt, Germany

escola

בית ספר

sala de aulas
כיתה
dividir
חילק
186/2
quadro
לוח
pátio da escola
professor
מורה
papel
נייר
escrever
כתב
caneta
עט
secretária
שולחן עבודה
régua
סרגל
livro
ספר
aluno
תלמיד

mochila

ילקוט

estojo de lápis

קלמר

lápis

עיפרון

afia-lápis

מחדד

borracha

גומי מחיקה

bloco de desenho

חוברת סרטוט

desenho

סרטוט

pincel

מברשת

caixa de tintas

קופסת צבעים

tesoura

מספריים

cola

דבק

livro de exercícios

ספר תרגול

trabalhos de casa

שיעור בית

número

מספר

somar

חיבר

subtrair

חיסר

multiplicar

הכפיל

calcular

חישב

letra

אות

alfabeto

אלפבית

palavra

מילה

texto

טקסט

ler

קרא

giz

גיר

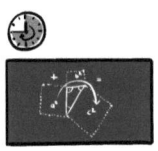

hora

שיעור

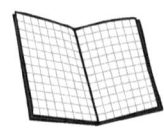

registo de presenças

יומן נוכחות

exame

מבחן

certificado

תעודה

uniforme escolar

תלבושת בית ספר

educação

חינוך

enciclopédia

אנציקלופדיה

universidade

אוניברסיטה

microscópio

מיקרוסקופ

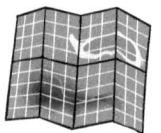

mapa

מפה

cesto de lixo

סל נייר

viagem
נסיעה

hotel
מלון
Grand
hostel
הוסטל
ROOMS
casa de câmbio
המרת מטבע
mala
מזוודה
carro
אוטו

idioma
שפה

sim / não
כן / לא

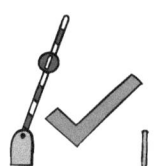

ok / certo / correto
בסדר

olá
שלום

intérprete
מתרגם

obrigado
תודה

quanto é que custa... ?

כמה עולה.....?

não entendo

אני לא מבין

problema

בעיה

boa noite!

ערב טוב!

Bom dia!

בוקר טוב!

Boa noite!

לילה טוב!

adeus

להתראות

direção

כיוון

bagagem

כבודה

saco

תיק

mochila

תרמיל גב

convidado

אורח

quarto

חדר

saco-cama

שק שינה

tenda

אוהל

informação turística

מרכז מידע לתיירים

praia

חוף ים

cartão de crédito

כרטיס אשראי

pequeno-almoço

ארוחת בוקר

almoço

ארוחת צהריים

jantar

ארוחת ערב

bilhete

כרטיס

elevador

מעלית

selo postal

בול

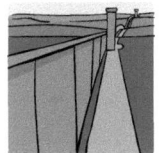

fronteira

גבול

alfândega

מכס

embaixada

שגרירות

visto

אשרה

passaporte

דרכון

transporte

תחבורה

avião
מטוס
navio
אונייה
carro de bombeiros
כבאית
autocarro
אוטובוס
camião
משאית
barco a motor
סירת מנוע
bicicleta
אופניים
carro
אוטו

cacilheiro

מעבורת

barco

סירה

mota

אופנוע

carro de polícia

ניידת משטרה

carro de corrida

מכונית מרוץ

carro alugado

רכב שכור

carsharing

מכוניות בשיתוף

camião de reboque

אוטו גרר

camião do lixo

משאית זבל

motor

מנוע

combustível

דלק

estação de serviço

תחנת דלק

sinal de trânsito

תמרור

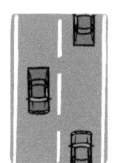

trânsito

תנועה

congestionamento de
trânsito

פקק תנועה

parque de estacionamento

חניה

estação ferroviária

תחנת רכבת

carris

פסי רכבת

comboio

רכבת

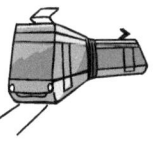

elétrico

רכבת קלה

carruagem

קרון

helicóptero

מסוק

aeroporto

שדה-תעופה

torre

מגדל

passageiro

נוסע

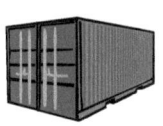

contentor

קונטיינר

caixa de papelão

קרטון

carrinho

עגלה

cesto

סל

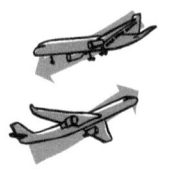

levantar voo / aterrar

המראה / נחיתה

cidade

עיר

aldeia

כפר

centro da cidade

מרכז העיר

casa

בית

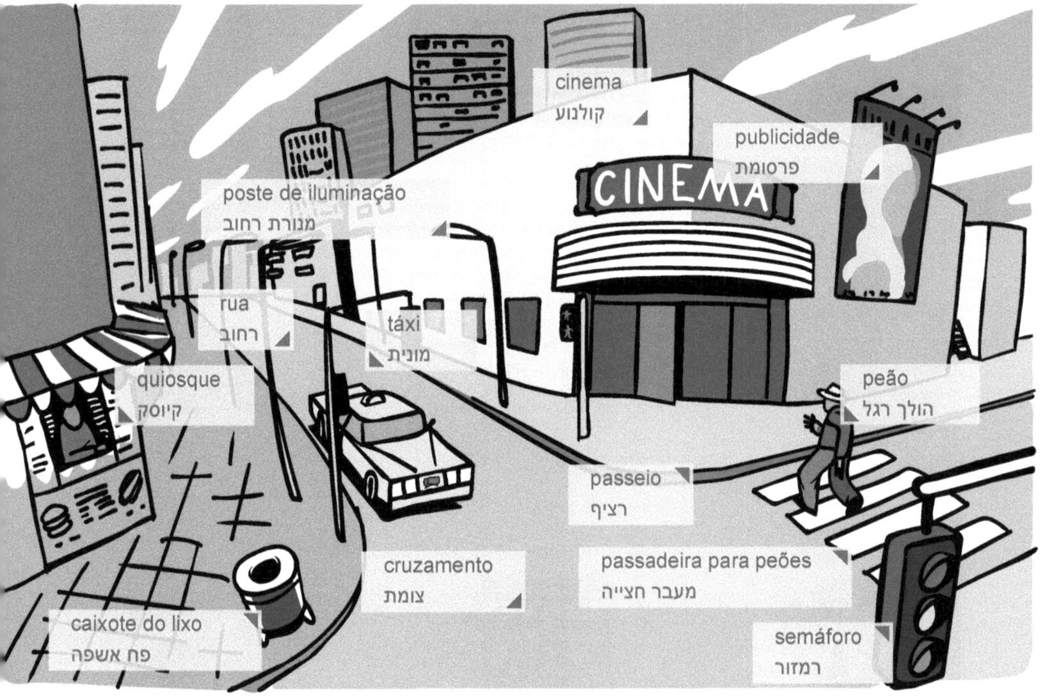

cinema
קולנוע

publicidade
פרסומת

poste de iluminação
מנורת רחוב

CINEMA

rua
רחוב

táxi
מונית

quiosque
קיוסק

peão
הולך רגל

passeio
רציף

cruzamento
צומת

passadeira para peões
מעבר חצייה

caixote do lixo
פח אשפה

semáforo
רמזור

cabana
בקתה

apartamento
דירה

estação ferroviária
תחנת רכבת

câmara municipal
עירייה

museu
מוזיאון

escola
בית ספר

universidade

אוניברסיטה

banco

בנק

hospital

בית חולים

hotel

מלון

farmácia

בית מרקחת

escritório

משרד

livraria

חנות ספרים

loja

חנות

florista

חנות פרחים

supermercado

סופרמרקט

mercado

שוק

loja de departamentos

כל-בו

peixaria

מוכר דגים

centro comercial

קניון

porto

נמל

parque

פארק

banco

ספסל

ponte

גשר

escadas

מדרגות

metro

רכבת תחתית

túnel

מנהרה

paragem de autocarro

תחנת אוטובוס

bar

בר

restaurante

מסעדה

caixa de correio

תא דואר

sinal de trânsito

שלט רחוב

parquímetro

מדחן

jardim zoológico

גן חיות

piscina

בריכת שחיה

mesquita

מסגד

quinta

חווה

poluição

זיהום

cemitério

בית עלמין

igreja

כנסייה

parque infantil

מגרש משחקים

templo

בית מקדש

paisagem

נוף

folha
עלה

placa de sinalização
תמרור

caminho
דרך

prado
מרעה

pedra
אבן

árvore
עץ

caminhantes
מטייל

rio
נהר

relva
דשא

flor
פרח

vale

בקעה

montanha

הר

lago

אגם

floresta

יער

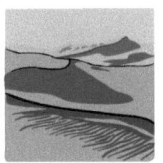

deserto

מדבר

vulcão

הר געש

castelo

טירה

arco-íris

קשת בענן

cogumelo

פטריה

palma

דקל

mosquito

יתוש

mosca

זבוב

formiga

נמלה

abelha

דבורה

aranha

עכביש

besouro

חיפושית

sapo

צפרדע

esquilo

סנאי

ouriço

קיפוד

lebre

ארנב

coruja

ינשוף

pássaro

ציפור

cisne

ברבור

javali

חזיר בר

veado

צבי

alce

אייל הקורא

barragem

סכר

turbina eólica

טורבינת רוח

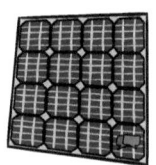

painel solar

פנל סולארי

clima

אקלים

restaurante
מסעדה

empregado de mesa
מלצר
menu
תפריט
cadeira
כסא
sopa
מרק
pizza
פיצה
talheres
סכו"ם
toalha de mesa
מפת שולחן

entrada
מנת פתיחה

prato principal
מנה עיקרית

sobremesa
קינוח

bebidas
שתיות

comida
אוכל

garrafa
בקבוק

fast food

מזון מהיר

comida de rua

אוכל רחוב

bule de chá

קנקן תה

açucareiro

מסכרת

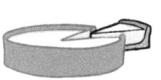

porção

מנה

máquina de café expresso

מכונת אספרסו

cadeira alta

כסא תינוק

conta

חשבון

bandeja

מגש

faca

סכין

garfo

מזלג

colher

כף

colher de chá

כפית

guardanapo

מפית

copo

כוס

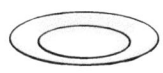

prato

צלחת

prato de sopa

קערת מרק

pires

תחתית

molho

רוטב

saleiro

מלחייה

moinho de pimenta

מטחנת פלפל

vinagre

חומץ

óleo

שמן

especiarias

תבלינים

ketchup

קטשופ

mostarda

חרדל

maionese

מיונז

supermercado

סופרמרקט

oferta especial
מבצע
cliente
לקוח
laticínios
מוצרי חלב
fruta
פירות
carrinho de compras
עגלת קניות

talho

אטליז

padaria

מאפייה

pesar

שקל

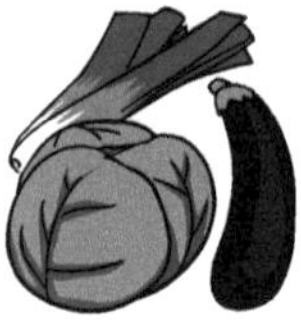

vegetais

ירקות

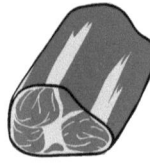

carne

בשר

alimentos congelados

מזון קפוא

charcutaria

בשר קר

comida enlatada

שימורים

detergente em pó

אבקת כביסה

doces

ממתקים

artigos domésticos

מוצרי בית

produtos de limpeza

חומר ניקוי

vendedora

מוכרת

caixa

קופה

caixa

קופאי

lista de compras

רשימת קניות

horário de funcionamento

שעות פתיחה

carteira

ארנק

cartão de crédito

כרטיס אשראי

saco

תיק

saco de plástico

שקית ניילון

bebidas

שתיות

água

מים

sumo

מיץ

leite

חלב

coca-cola

קולה

vinho

יין

cerveja

בירה

álcool

אלכוהול

cacau

קקאו

chá

תה

café

קפה

café expresso

אספרסו

capuccino

קפוצ'ינו

banana

בננה

maçã

תפוח

laranja

תפוז

melão

אבטיח

limão

לימון

cenoura

גזר

alho

שום

bambu

במבוק

cebola

בצל

cogumelo

פטריות

nozes

אגוזים

talharim

אטריות

esparguete

ספגטי

arroz

אורז

salada

סלט

batatas fritas

צ'יפס

batatas fritas

צ'יפס

pizza

פיצה

hambúrguer

המבורגר

sanduíche

כריך

bife panado

שניצל

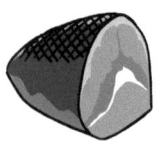

fiambre

שינקין

salame

סלאמי

salsicha

נקניקיה

galinha

עוף

assado

טיגון

peixe

דג

flocos de aveia

שיבולת שועל

muesli

מוזלי

flocos de milho

קורנפלקס

farinha

קמח

croissant

קרואסון

carcaça (pãozinho)

לחמנייה

pão

לחם

torrada

טוסט

biscoitos

עוגיות

manteiga

חמאה

requeijão

גבינה לבנה

bolo

עוגה

ovo

ביצה

ovo estrelado

ביצת עין

queijo

גבינה

gelado

גלידה

açúcar

סוכר

mel

דבש

compota

ריבה

creme de nougat

ממרח נוגט

caril

קארי

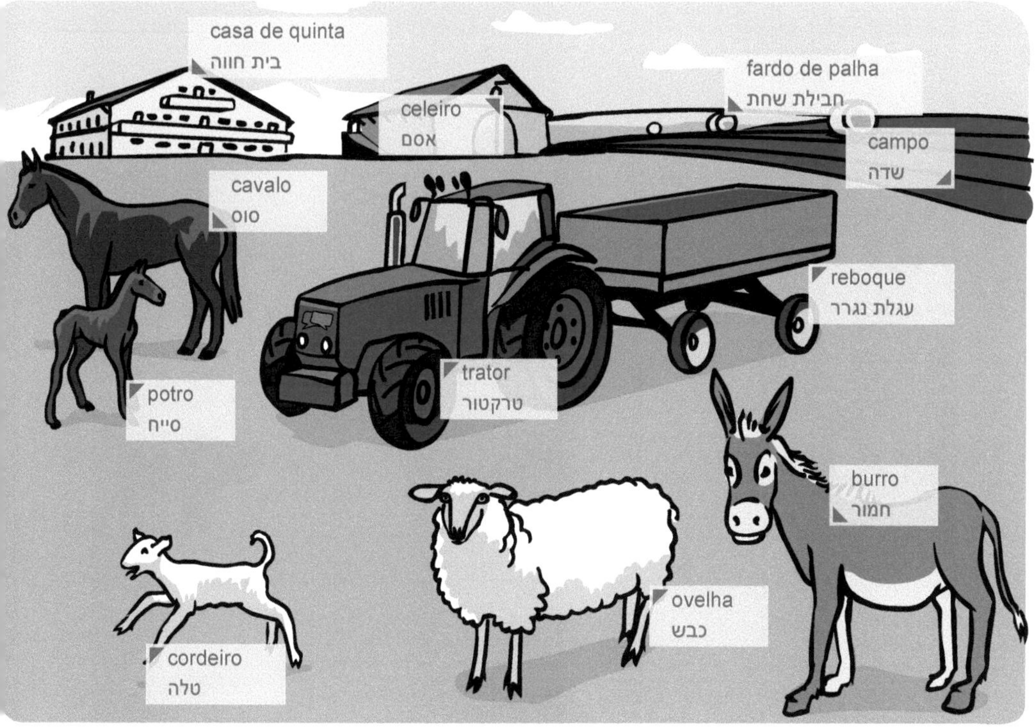

quinta
חווה

celeiro
אסם
fardo de palha
חבילת שחת
campo
שדה
cavalo
סוס
reboque
עגלת נגרר
trator
טרקטור
potro
סייח
burro
חמור
ovelha
כבש
cordeiro
טלה

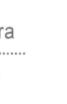

cabra

עז

vaca

פרה

bezerro

עגל

porco

חזיר

leitão

חזרזיר

touro

שור

ganso

אווז

pato

ברווז

pintaínho

אפרוח

galinha

תרנגולת

galo

תרנגול

ratazana

חולדה

gato

חתול

rato

עכבר

boi

שור

cão

כלב

casota

מלונה

mangueira de jardim

צינור השקיה

regador

קנקן מים

foice

חרמש

arado

מחרשה

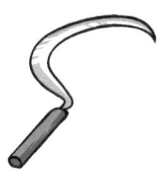

foice

מגל

enxada

מגרפה

forquilha

קלשון

machado

גרזן

carrinho de mão

מריצה

manjedoura

שוקת

jarro de leite

כד חלב

saco

שק

cerca

גדר

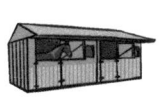

estábulo

אורווה

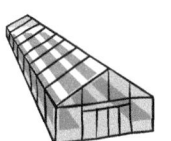

estufa

חממה

solo

אדמה

semente

זרע

fertilizante

דשן

ceifeira-debulhadora

מקצרה

colher

קצר

colheita

קציר

inhame

בטטה אפריקנית

trigo

חיטה

soja

סויה

batata

תפוח אדמה

milho

תירס

colza

קנולה

árvore de fruto

עץ פירות

mandioca

קסבה

cereais

דגנים

casa
בית

chaminé
ארובה
telhado
גג
caleira
מרזב
janela
חלון
garagem
מוסך
campainha da porta
פעמון
porta
דלת
balde do lixo
פח אשפה
caixa de correio
תיבת מכתבים
jardim
גינה

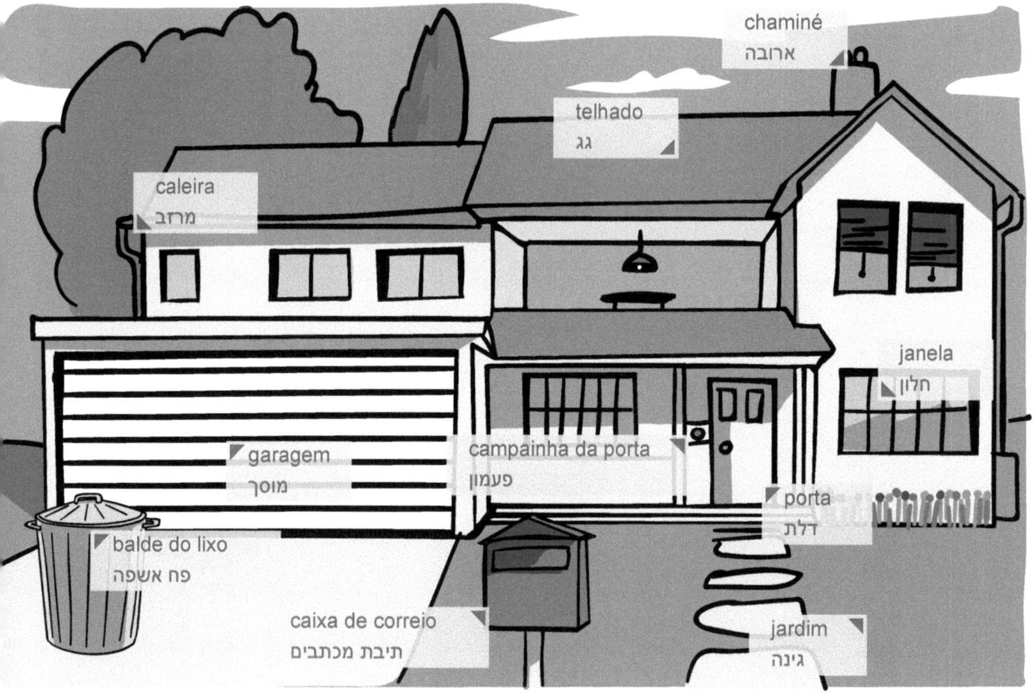

sala de estar

סלון

casa de banho

חדר אמבטיה

cozinha

מטבח

quarto de dormir

חדר שינה

quarto de criança

חדר ילדים

sala de jantar

חדר אוכל

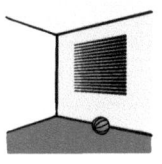

chão

רצפה

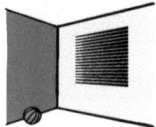

parede

קיר

teto

תקרה

cave

מרתף

sauna

סאונה

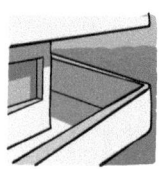

varanda

מרפסת

terraço

מרפסת

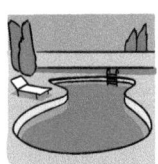

piscina

בריכה

máquina de cortar relvado

מכסחת דשא

lençol

סדין

cobertor

כיסוי מיטה

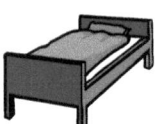

cama

מיטה

vassoura

מטאטא

balde

דלי

interruptor

מפסק

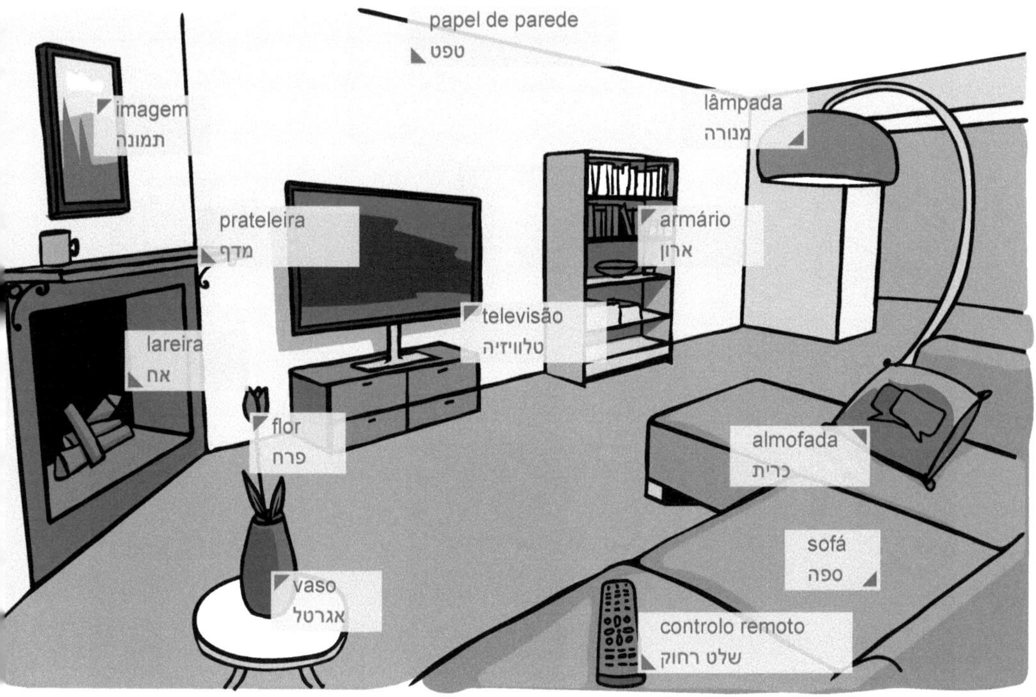

papel de parede
טפט

imagem
תמונה

lâmpada
מנורה

prateleira
מדף

armário
ארון

televisão
טלוויזיה

lareira
אח

flor
פרח

almofada
כרית

sofá
ספה

vaso
אגרטל

controlo remoto
שלט רחוק

tapete

שטיח

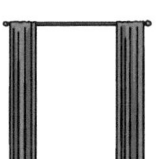

cortina

וילון

mesa

שולחן

cadeira

כסא

cadeira de baloiço

כיסא נדנדה

poltrona

כורסה

livro

ספר

cobertor

שמיכה

decoração

דקורציה

lenha

עצי הסקה

filme

סרט

sistema estéreo

מערכת סטריאו

chave

מפתח

jornal

עיתון

pintura

ציור

póster

פוסטר

rádio

רדיו

bloco de notas

מחברת

aspirador

שואב אבק

cato

קקטוס

vela

נר

cozinha
מטבח

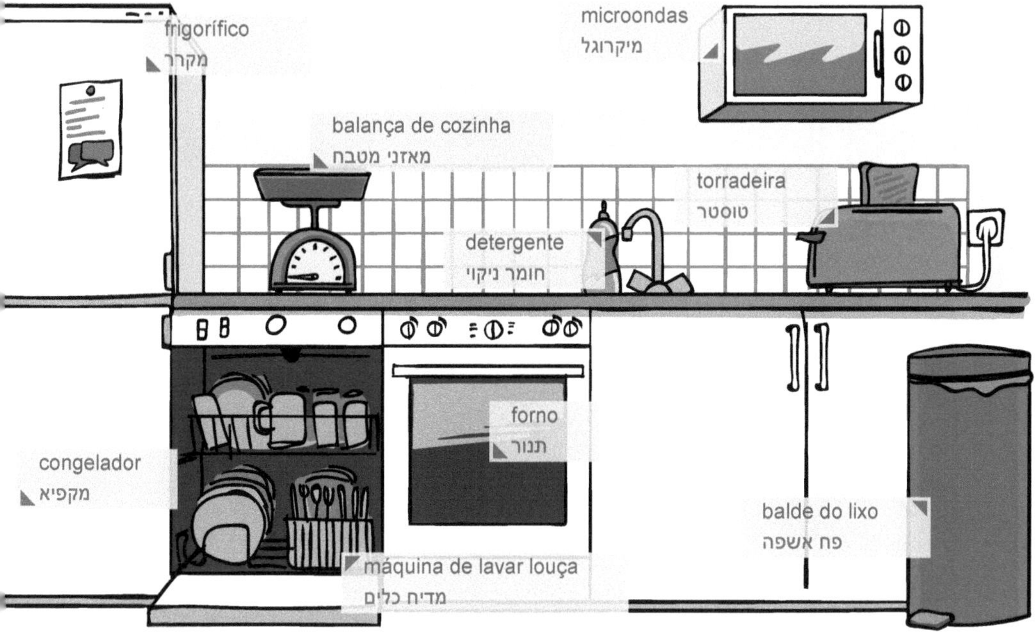

frigorífico
מקרר
microondas
מיקרוגל
balança de cozinha
מאזני מטבח
torradeira
טוסטר
detergente
חומר ניקוי
forno
תנור
congelador
מקפיא
balde do lixo
פח אשפה
máquina de lavar louça
מדיח כלים

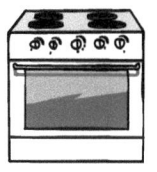

fogão

תנור

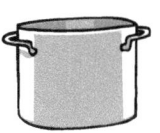

panela

סיר

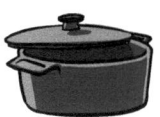

panela de ferro

סיר ברזל

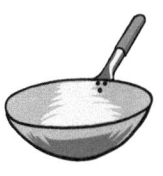

wok / kadai

ווק

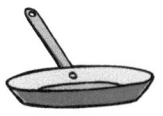

frigideira

מחבת

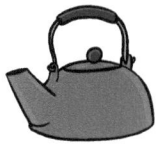

chaleira

קומקום חשמלי

panela a vapor

מאדה

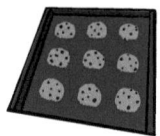

tabuleiro de forno

מגש אפייה

louça

כלי אוכל

caneca

ספל

tigela

קערה

pauzinhos

צ'ופסטיקס

concha de sopa

מצקת

espátula

מרית

batedor de claras

מטרפה

escorredor

מסננת בישול

peneira

מסננת

ralador

מגרדת

almofariz

מכתש

churrasqueira

גריל

lareira

מדורה

tábua de cortar

קרש חיתוך

rolo da massa

מערוך

saca-rolhas

פותחן פקקים

lata

פחית

abridor de latas

פותחן קופסאות

luvas de forno

מטלית

lava-loiça

כיור

escova

מברשת

esponja

ספוג

liquidificador

בלנדר

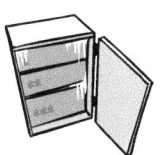

arca frigorífica

מקפיא

biberão

בקבוק לתינוק

torneira

ברז

casa de banho

חדר אמבטיה

aquecimento
חימום
toalha
מגבת
chuveiro
מקלחת
cortina de chuveiro
וילון מקלחת
banho de espuma
אמבטיית קצף
banheira
אמבטיה
copo
כוס
máquina de lavar roupa
מכונת כביסה
torneira
ברז
azulejos
אריחים
penico
סיר לילה
lava-loiça
כיור

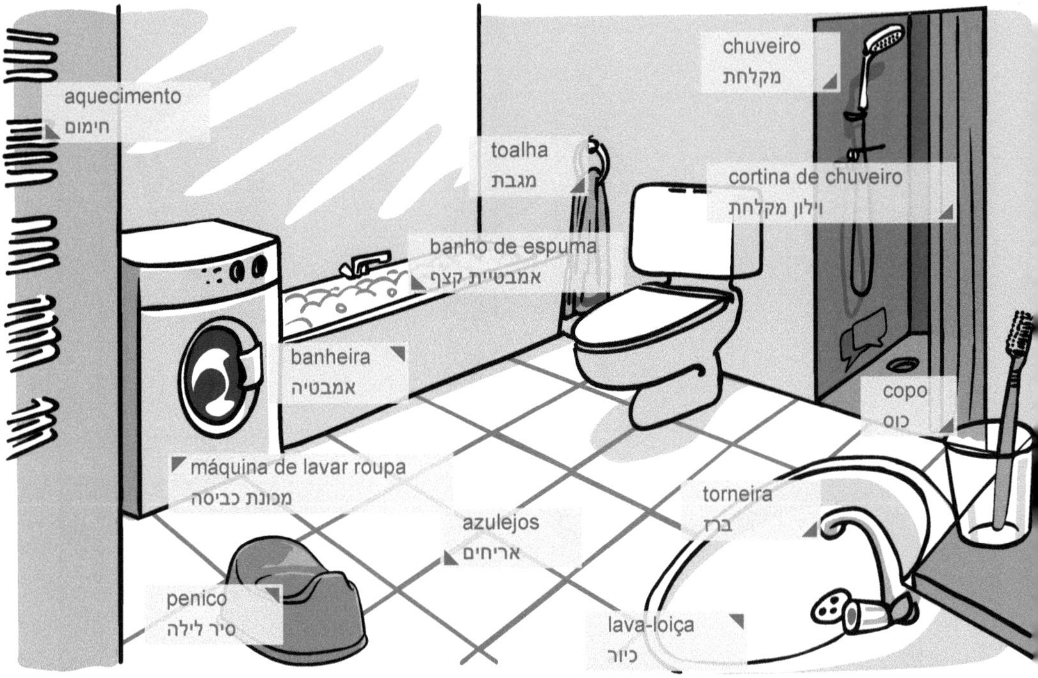

sanita

אסלה

retrete turca

אסלת כריעה

bidé

בידה

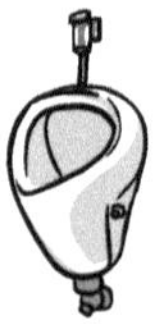

urinol

משתנה

papel higiénico

נייר טואלט

piaçaba

מברשת אסלה

escova de dentes

מברשת שיניים

pasta de dentes

משחת שיניים

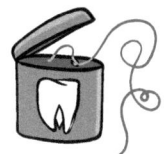

fio dentário

חוט דנטלי

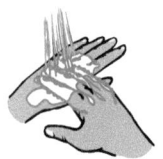

lavar

שטף

chuveiro de mão

מקלחת יד

duche íntimo

צינור שטיפה לשירותים

bacia

קערת רחצה

escova para as costas

מברשת גב

sabonete

סבון

gel de banho

ג'ל רחצה

champô

שמפו

toalha de rosto

ליפה

escoamento

ניקוז

creme

קרם

desodorizante

דיאודורנט

espelho

מראה

espelho de mão

מראת יד

máquina de barbear

סכין גילוח

creme de barbear

קצף גילוח

loção pós-barba

אפטרשייב

pente

מסרק

escova

מברשת

secador de cabelo

מייבש שיעור

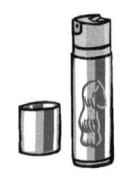

spray de cabelo

ספריי לשיער

maquilhagem

איפור

batom

שפתון

verniz de unhas

לק

algodão

צמר גפן

tesoura para unhas

מספריים לציפורניים

perfume

בושם

nécessaire

תיק כלי רחצה

tamborete

שרפרף

balança

משקל

roupão de banho

חלוק רחצה

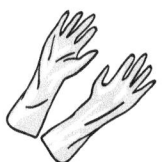

luvas de borracha

כפפות גומי

tampão

טמפון

penso higiénico

תחבושת סניטרית

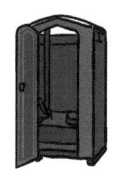

WC químico

שירותים כימיקליים

quarto de criança

חדר ילדים

despertador
שעון מעורר
peluche
צעצוע חיבוק
carro de brincar
מכונית צעצוע
chocalho
רעשן
casa de bonecas
בית בובות
presente
מתנה

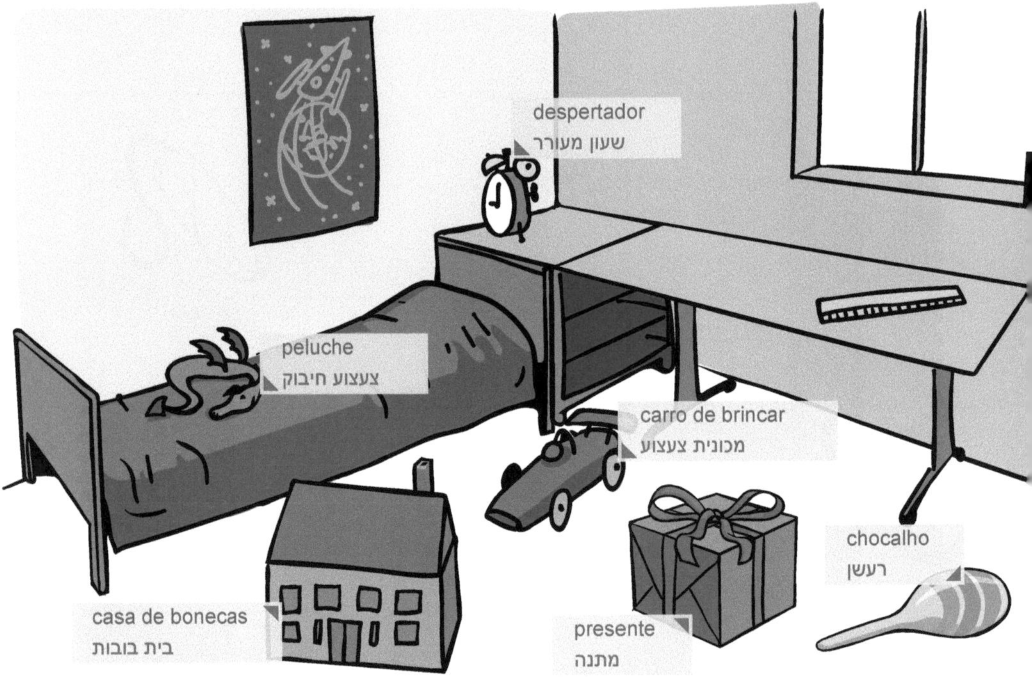

balão

בלון

cama

מיטה

carrinho de bebé

עגלה

jogo de cartas

משחק קלפים

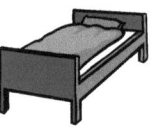

quebra-cabeças

פאזל

banda desenhada

קומיקס

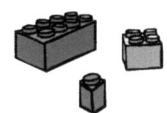

peças de Lego

לגו

blocos de construção

קוביות משחק

figura de ação

דמות משחק

fato de bebé

סרבל תינוקות

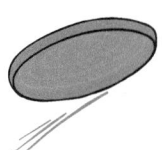

Frisbee

פריזבי

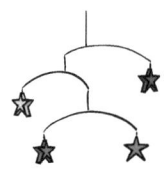

móbile para bebé

נייד

jogo de tabuleiro

משחק לוח

dados

קוביה

pista de comboio elétrico

רכבת צעצוע

chupeta

מוצץ

festa

מסיבה

livro ilustrado

אלבום תמונות

bola

כדור

boneca

בובה

jogar

שיחק

caixa de areia

ארגז חול

baloiço

נדנדה

brinquedos

צעצועים

consola de jogos

קונסולת משחקים

triciclo

אופניים תלת גלגלי

ursinho de peluche

דובון

guarda-roupa

ארון בגדים

vestuário

בגדים

meias

גרביים

meias pelo joelho

גרביונים

meias-calças

גרביון

cachecol
צעיף

guarda-chuva
מטריה

t-shirt
חולצת טי

cinto
חגורה

botas
מגפיים

chinelos
נעלי בית

sapatilhas
נעלי ספורט

sandálias
סנדלים

sapatos
נעליים

botas de borracha
מגפי גומי

cuecas
תחתונים

sutiã
חזייה

camisola interior
וסט

body

גוף

calças

מכנסיים

calças de ganga

ג'ינס

saia

חצאית

blusa

חולצה מכופתרת

camisa

חולצה

pulôver

אפודה

camisola com capuz

סווצ'ר עם קפוצ'ון

blazer

בלייזר

casaco

ז'קט

manto

מעיל

gabardina

מעיל גשם

traje

תלבושת

vestido

שמלה

vestido de casamento

שמלת כלה

fato

חליפה

camisa de dormir

כותונת לילה

pijama

פיג'מה

sari

סארי

lenço de cabeça

מטפחת ראש

turbante

טורבן

burca

בורקה

cafetã

קאפטן

abaya

עבאיה

fato de banho

בגד ים

calções de banho

בגד ים

calções

מכנסיים קצרים

fato de treino

בגד אימון

avental

סינר

luvas

כפפות

botão

כפתור

óculos

משקפיים

pulseira

צמיד יד

colar

שרשרת

anel

טבעת

brinco

עגיל

boné

כובע

cabide

קולב

chapéu

כובע

gravata

עניבה

fecho de correr

רוכסן

capacete

קסדה

suspensórios

כתפיות

uniforme escolar

תלבושת בית ספר

uniforme

מדים

babete

מפית אוכל

chupeta

מוצץ

fralda

חיתול

escritório

משרד

servidor
שרת
armário de arquivo
תיקייה
impressora
מדפסת
papel
נייר
ecrã
מסך
secretária
שולחן עבודה
rato
עכבר
pasta
תיק
teclado
מקלדת
cesto de lixo
סל נייר
computador
מחשב
cadeira
כסא

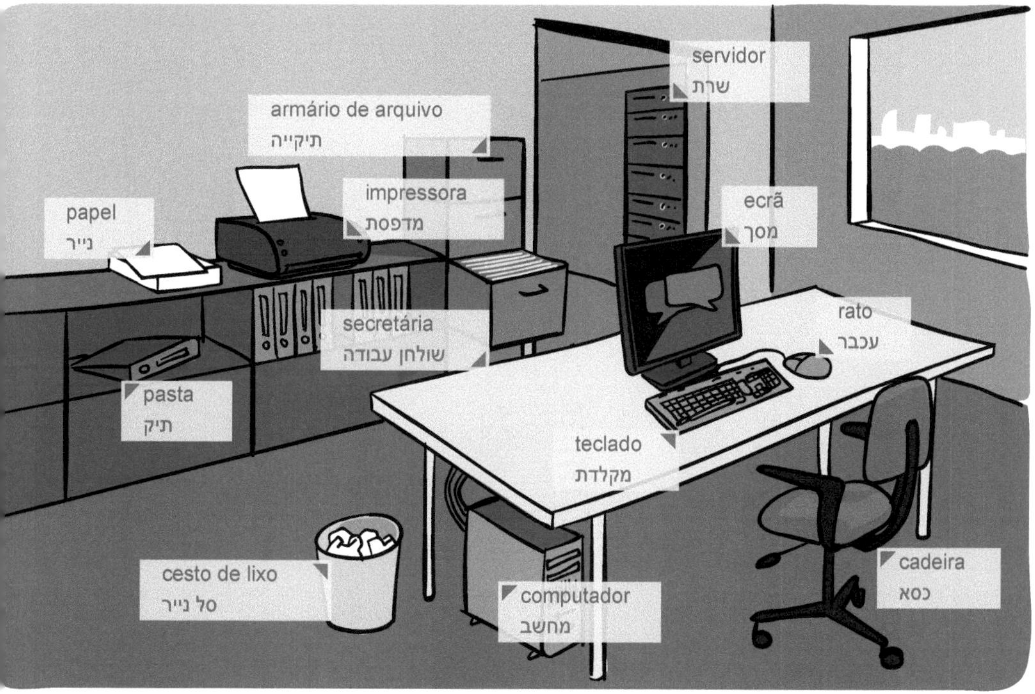

caneca de café

ספל קפה

calculadora

מחשבון

internet

אינטרנט

computador portátil

מחשב נייד

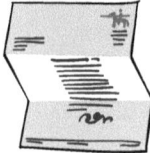

carta

מכתב

mensagem

הודעה

telemóvel

נייד

rede

רשת

fotocopiadora

מכונת צילום

software

תוכנה

telefone

טלפון

tomada elétrica

שקע

fax

פקס

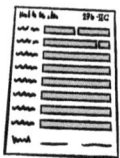

formulário

טופס

documento

מסמך

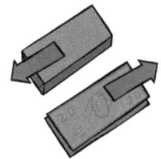

comprar

קנה

pagar

שילם

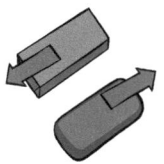

negociar

סחר

dinheiro

כסף

dólar

דולר

euro

יורו

yen

ין

rublo

רובל

franco suíço

פרנק שווייצרי

renminbi yuan

יואן רנמינבי

rupia

רופי

caixa de multibanco

כספומט

casa de câmbio

המרת מטבע

ouro

זהב

prata

כסף

petróleo

נפט

energia

אנרגיה

preço

מחיר

contrato

חוזה

imposto

מס

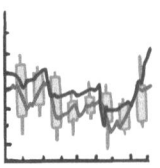

ação

מנייה

trabalhar

עבד

empregado

עובד

entidade patronal

מעסיק

fábrica

מפעל

loja

חנות

agente da polícia
שוטר
bombeiro
כבאי
cozinheiro
טבח
médico
רופא
piloto
טייס

jardineiro
....
גנן

carpinteiro
....
נגר

costureira
....
תופרת

juiz
....
שופט

químico
....
כימאי

ator
....
שחקן

motorista de autocarro

נהג אוטובוס

motorista de táxi

נהג מונית

pescador

דייג

empregada de limpeza

עובדת נקיון

telhador

מתקן גגות

empregado de mesa

מלצר

caçador

צייד

pintor

צייר

padeiro

אופה

eletricista

חשמלאי

construtor

עובד בניין

engenheiro

מהנדס

talhante

קצב

canalizador

אינסטלטור

carteiro

דוור

soldado

חייל

arquiteto

אדריכל

caixa

קופאי

florista

מוכר פרחים

cabeleireiro

ספר

controlador de bilhetes

כרטיסן

mecânico

מכונאי

capitão

קברניט

dentista

רופא שיניים

cientista

מדען

rabino

רב

imã

אימאם

monge

נזיר

pastor

כומר

ferramentas

כלי עבודה

alicate
צבת
martelo
פטיש
chave de fendas
מברג
lanterna
פנס
chave inglesa
מפתח ברגים

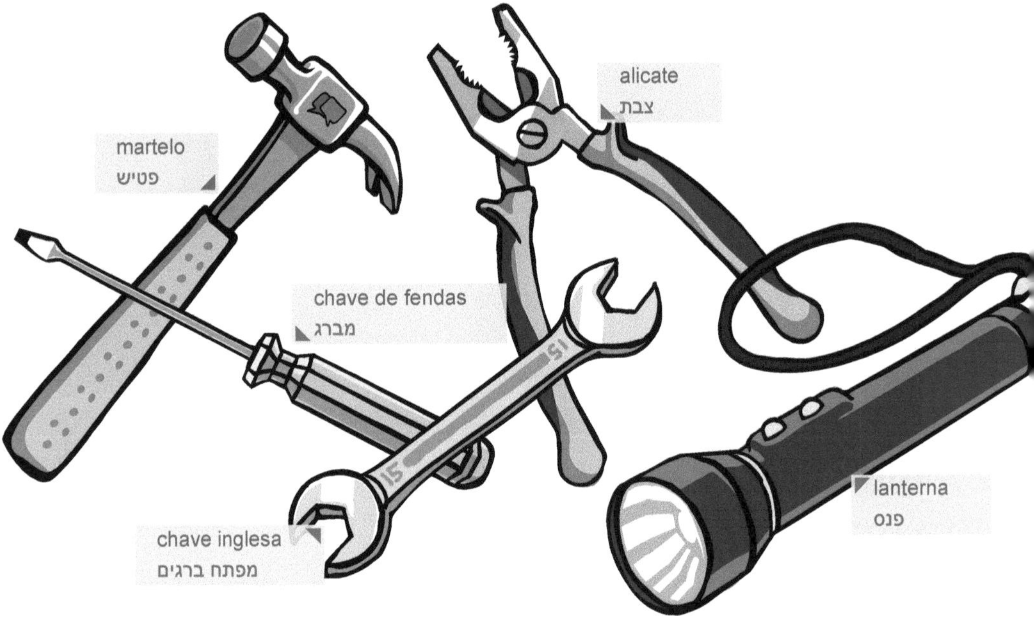

escavadora

דחפור

caixa de ferramentas

ארגז כלים

escadote

סולם

serra

מסור

pregos

מסמרים

broca

מקדחה

reparar

תיקן

pá

את חפירה

porcaria!

לעזאזל!

pá de lixo

יעה

pote de tinta

פח צבע

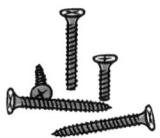

parafusos

ברגים

instrumentos musicais

כלי נגינה

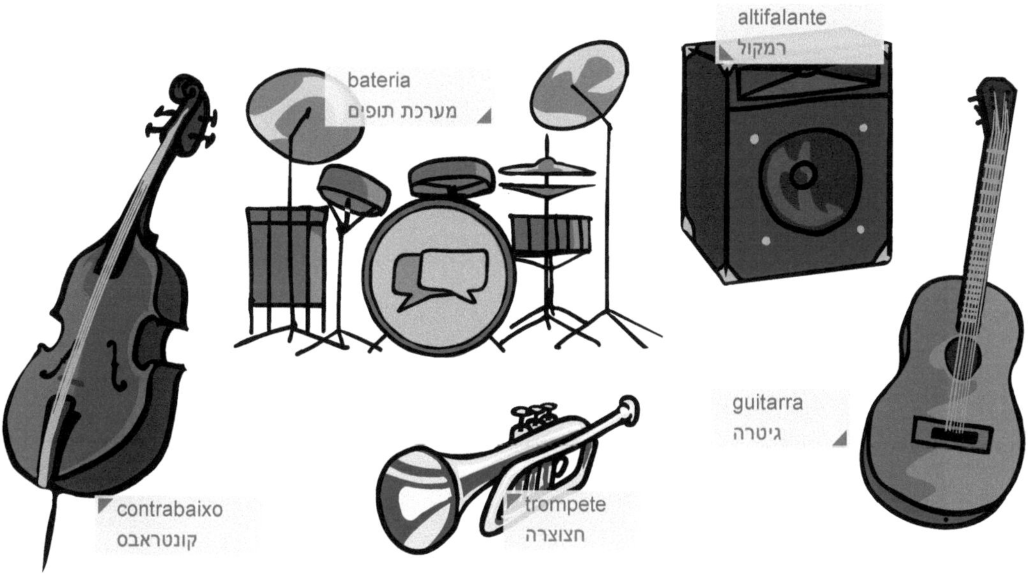

altifalante
רמקול
bateria
מערכת תופים
guitarra
גיטרה
contrabaixo
קונטראבס
trompete
חצוצרה

piano

פסנתר

violino

כינור

baixo

בס

timbales

תוף הדוד

tambor

תופים

teclado

מקלדת פסנתר

saxofone

סקסופון

flauta

חליל

microfone

מיקרופון

jardim zoológico

גן חיות

entrada
כניסה
tigre
נמר
gaiola
כלוב
zebra
זברה
ração animal
מזון לחיות
panda
פנדה

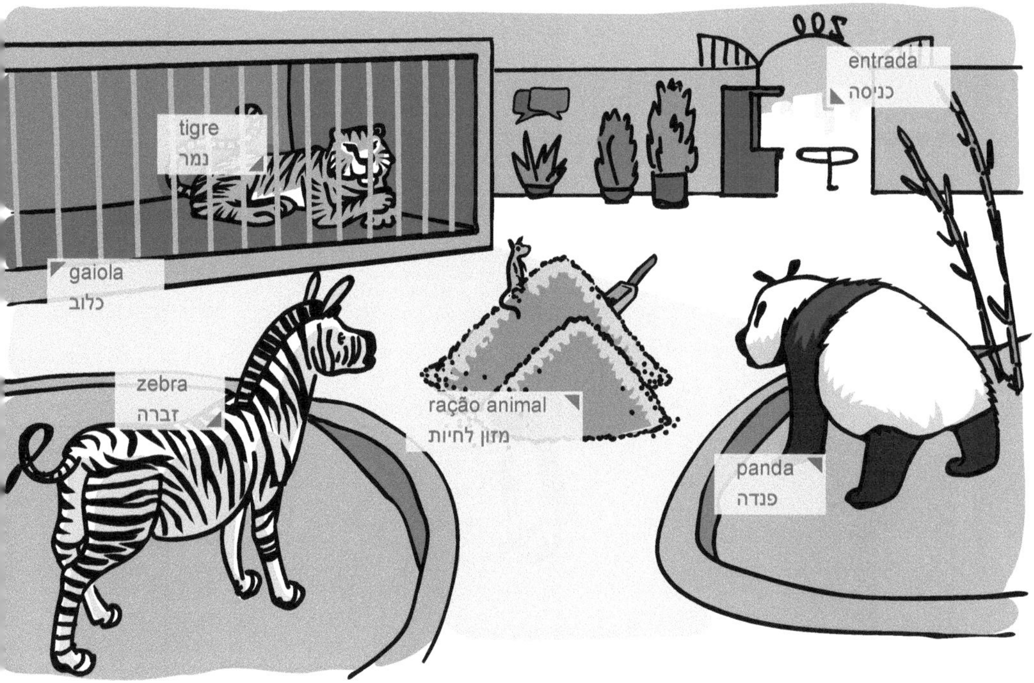

animais
בעלי חיים

elefante
פיל

canguru
קנגרו

rinoceronte
קרנף

gorila
גורילה

urso
דוב

camelo

גמל

avestruz

יען

leão

אריה

macaco

קוף

flamingo

פלמינגו

papagaio

תוכי

urso polar

דוב הקרח

pinguim

פינגווין

tubarão

כריש

pavão

טווס

cobra

נחש

crocodilo

תנין

guarda do jardim zoológico

שומר גן החיות

foca

כלב ים

jaguar

יגואר

pónei

סוס פוני

leopardo

לאופרד

hipopótamo

היפופוטאם

girafa

ג'ירפה

águia

נשר

javali

חזיר בר

peixe

דג

tartaruga

צב

morsa

סוס ים

raposa

שועל

gazela

איילה

desporto

ספורט

futebol americano
פוטבול אמריקאי
ciclismo
רכיבת אופניים
ténis
טניס
basquetebol
כדורסל
natação
שחיה
boxe
אגרוף
hóquei no gelo
הוקי

futebol

כדורגל

badminton

בדמינטון

atletismo

אתלטיקה

andebol

כדור-יד

esqui

עשה סקי

polo

פולו

atividades
פעילויות

saltar
קפץ
abraçar
חיבק
rir
צחק
andar
הלך
cantar
שר
rezar
התפלל
beijar
נשק
sonhar
חלם

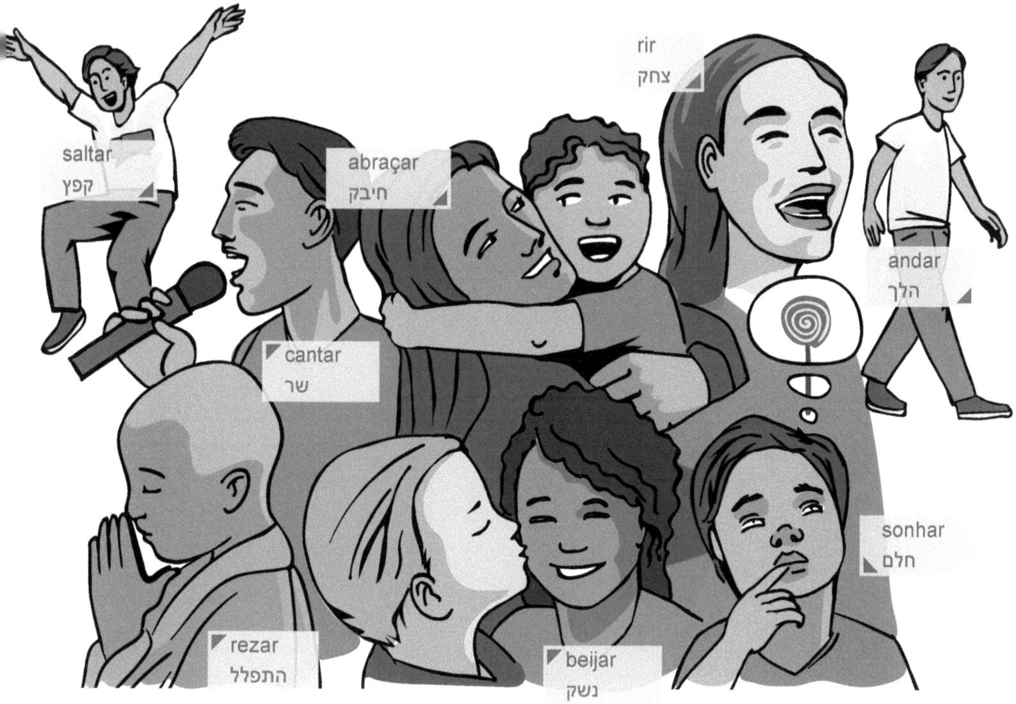

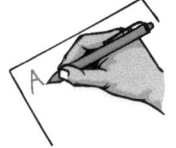

escrever

כתב

desenhar

צייר

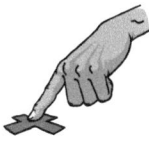

mostrar

הראה

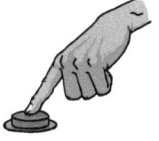

empurrar

דחף

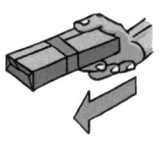

dar

נתן

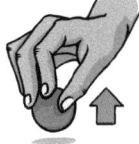

tomar

לקח

ter

יש / להיות הבעלים

fazer

עשה

ser

היה

ficar de pé

עמד

correr

רץ

puxar

משך

remessar

זרק

cair

נפל

deitar

שכב

esperar

חיכה

carregar

סחב

sentar

ישב

vestir

התלבש

dormir

ישן

acordar

התעורר

olhar para

הסתכל ב-

chorar

בכה

acariciar

ליטף

pentear

סירק

falar

דיבר

compreender

הבין

perguntar

שאל

ouvir

שמע

beber

שתה

comer

אכל

arrumar

סידר

amar

אהב

cozinhar

בישל

conduzir

נהג

voar

עף

velejar

שט

calcular

חישב

ler

קרא

aprender

למד

trabalhar

עבד

casar

התחתן

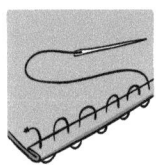

costurar

תפר

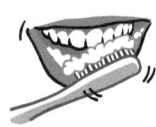

escovar os dentes

ציחצח שיניים

matar

הרג

fumar

עישן

enviar

שלח

família

משפחה

avó
סבתא
avô
סבא
pai
אבא
mãe
אימא
bebé
תינוק
filha
בת
filho
בן

convidado

אורח

tia

דודה

tio

דוד

irmão

אח

irmã

אחות

corpo

גוף

testa
מצח
olho
עין
ombro
כתף
dedo
אצבע
cara
פנים
queixo
סנטר
mão
כף יד
perna
רגל
peito
חזה
braço
זרוע

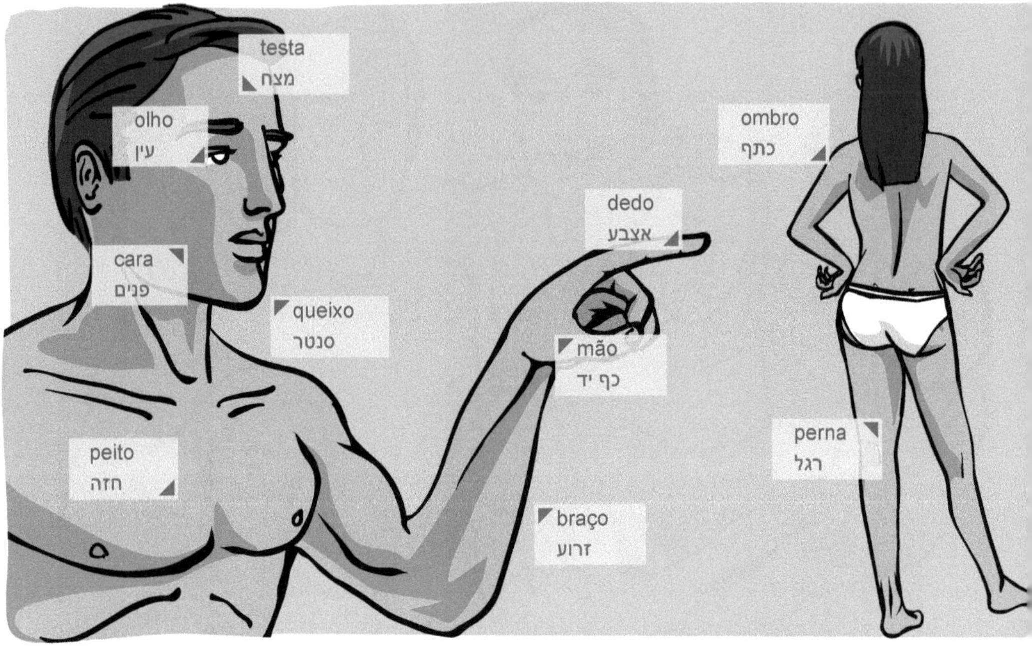

bebé

תינוק

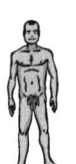

homem

איש

mulher

אישה

menina

ילדה

menino

ילד

cabeça

ראש

costas

גב

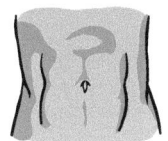

barriga

בטן

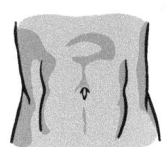

umbigo

טבור

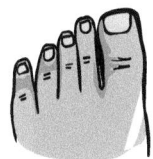

dedo do pé

אצבע

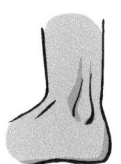

calcanhar

עקב

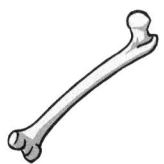

osso

עצם

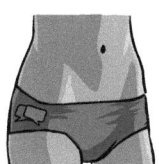

anca

ירך

joelho

ברך

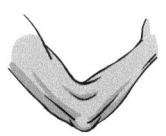

cotovelo

מרפק

nariz

אף

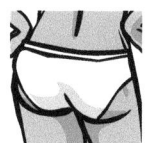

nádegas

עכוז

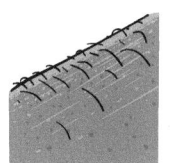

pele

עור

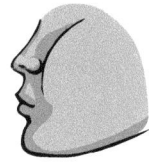

bochecha

לחי

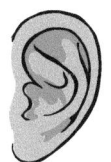

orelha

אוזן

lábio

שפתיים

boca

פה

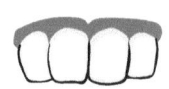

dente

שן

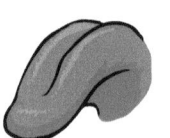

língua

לשון

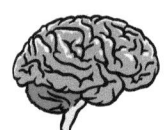

cérebro

מוח

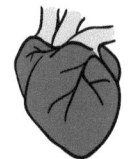

coração

לב

músculo

שריר

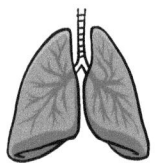

pulmão

ריאה

fígado

כבד

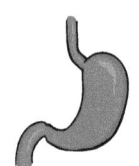

estômago

קיבה

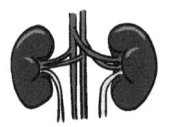

rins

כליות

relações sexuais

מין

preservativo

קונדום

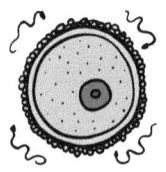

óvulo

ביצית

esperma

זרע

gravidez

הריון

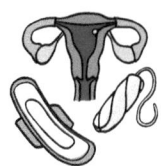

menstruação
....
ווסת

vagina
....
נרתיק

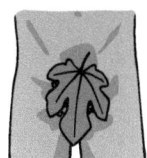

pénis
....
פין

sobrancelha
....
גבה

cabelo
....
שיער

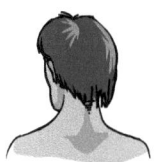

pescoço
....
צוואר

hospital
בית חולים

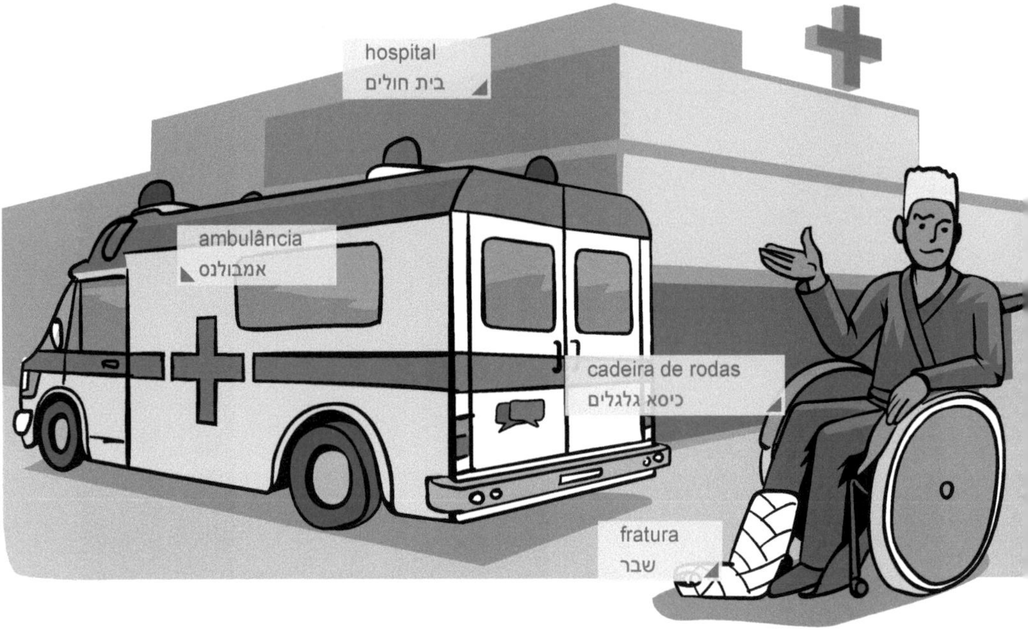

hospital
בית חולים
ambulância
אמבולנס
cadeira de rodas
כיסא גלגלים
fratura
שבר

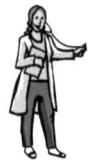

médico

רופא

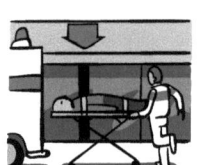

serviço de urgências

חדר מיון

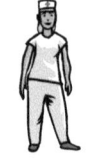

enfermeira

אחות

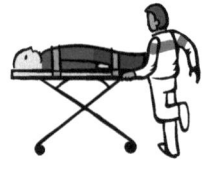

emergência

חירום

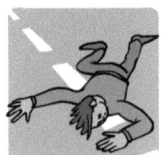

inconsciente

חסר הכרה

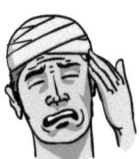

dor

כאב

ferimento

פציעה

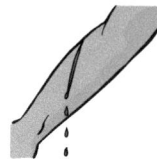

hemorragia

דימום

ataque cardíaco

התקף לב

acidente vascular cerebral

שבץ

alergia

אלרגיה

tosse

שיעול

febre

חום

gripe

שפעת

diarreia

שלשול

dor de cabeça

כאב ראש

cancro

סרטן

diabetes

סוכרת

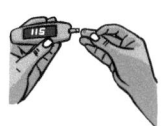

cirurgião

מנתח

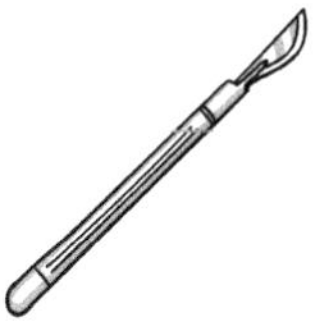

bisturi

אזמל

operação

ניתוח

CT

סי-טי

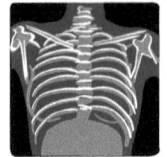

raio x

רנטגן

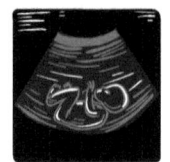

ultrassom

אולטרסאונד

máscara

מסיכת פנים

doença

מחלה

sala de espera

חדר המתנה

muleta

קבה

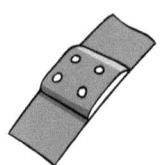

penso rápido

פלסטר

ligadura

תחבושת

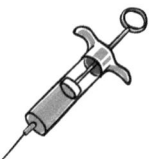

injeção

זריקה

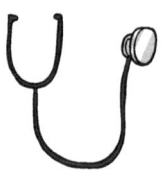

estetoscópio

סטטוסקופ

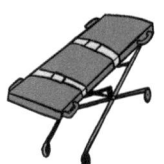

maca

אלונקה

termómetro

מד חום

nascimento

לידה

excesso de peso

עודף משקל

aparelho auditivo

מכשיר שמיעה

desinfetante

מחטא

infeção

זיהום

vírus

נגיף

HIV / SIDA

איידס

medicamento

תרופה

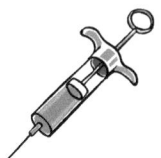

vacinação

חיסון

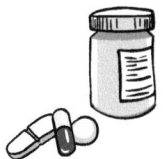

comprimidos

טבליות

pílula

גלולה

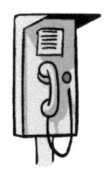

chamada de emergência

קריאת חירום

dispositivo de medição de
pressão arterial

מד לחץ דם

doente / saudável

חולה / בריא

emergência

חירום

Socorro!

הצילו!

alarme

אזעקה

assalto

פשיטה

ataque

תקיפה

perigo

סכנה

saída de emergência

יציאת חירום

Fogo!

אש!

extintor de incêndios

מטף כיבוי

acidente

תאונה

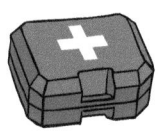

estojo de primeiros socorros

ערכת עזרה ראשונה

SOS

הצילו!

polícia

משטרה

terra
כדור הארץ

Europa

אירופה

América do Norte

צפון אמריקה

América do Sul

דרום אמריקה

África

אפריקה

Ásia

אסיה

Austrália

אוסטרליה

Atlântico

האוקיינוס האטלנטי

Pacífico

האוקיינוס השקט

Oceano Índico

האוקיינוס ההודי

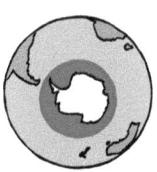

Oceano Antártico

האוקיינוס האנטרקטי

Oceano Ártico

האוקיינוס הארקטי

Polo Norte

הקוטב הצפוני

Polo Sul

הקוטב הדרומי

Antártica

אנטארקטיקה

terra

כדור הארץ

país

אדמה

mar

ים

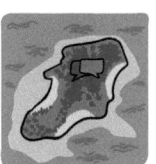

ilha

אי

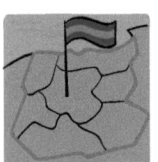

nação

לאום

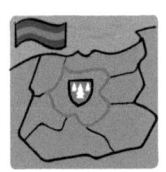

estado

מדינה

relógio
שעון

mostrador do relógio

פני השעון

ponteiro das horas

מחוג השעות

ponteiro dos minutos

מחוג הדקות

ponteiro dos segundos

מחוג השניות

Que horas são?

מה השעה?

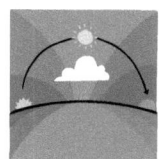

dia

יום

tempo

זמן

agora

עכשיו

relógio digital

שעון דיגיטלי

minuto

דקה

hora

שעה

semana

שבוע

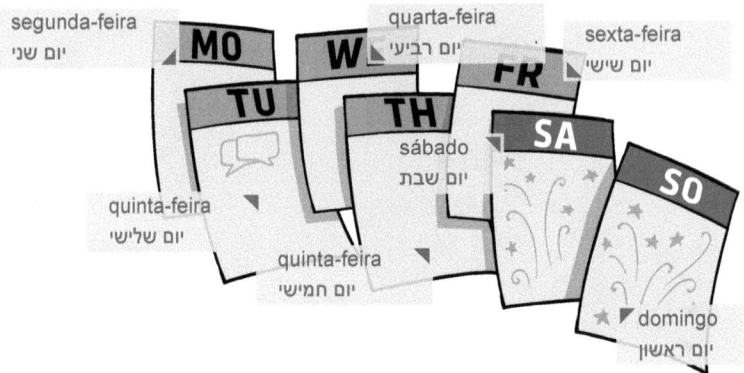

segunda-feira — יום שני
quarta-feira — יום רביעי
sexta-feira — יום שישי
quinta-feira — יום שלישי
quinta-feira — יום חמישי
sábado — יום שבת
domingo — יום ראשון

ontem

אתמול

hoje

היום

amanhã

מחר

manhã

בוקר

meio-dia

צהריים

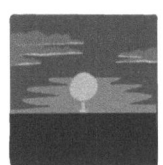

entardecer

ערב

MO	TU	WE	TH	FR	SA	SU
1	2	3	4	5	6	7
8	9	10	11	12	13	14
15	16	17	18	19	20	21
22	23	24	25	26	27	28
29	30	31	1	2	3	4

dias úteis

ימי עבודה

MO	TU	WE	TH	FR	SA	SU
1	2	3	4	5	6	7
8	9	10	11	12	13	14
15	16	17	18	19	20	21
22	23	24	25	26	27	28
29	30	31	1	2	3	4

fim de semana

סוף שבוע

ano

שנה

arco-íris
קשת בענן
chuva
גשם
neve
שלג
vento
רוח
primavera
אביב
outono
סתיו
verão
קיץ
inverno
חורף

4.APRIL 11°
5.APRIL 4°
6.APRIL 13°
7.APRIL 8°
8.APRIL 10°

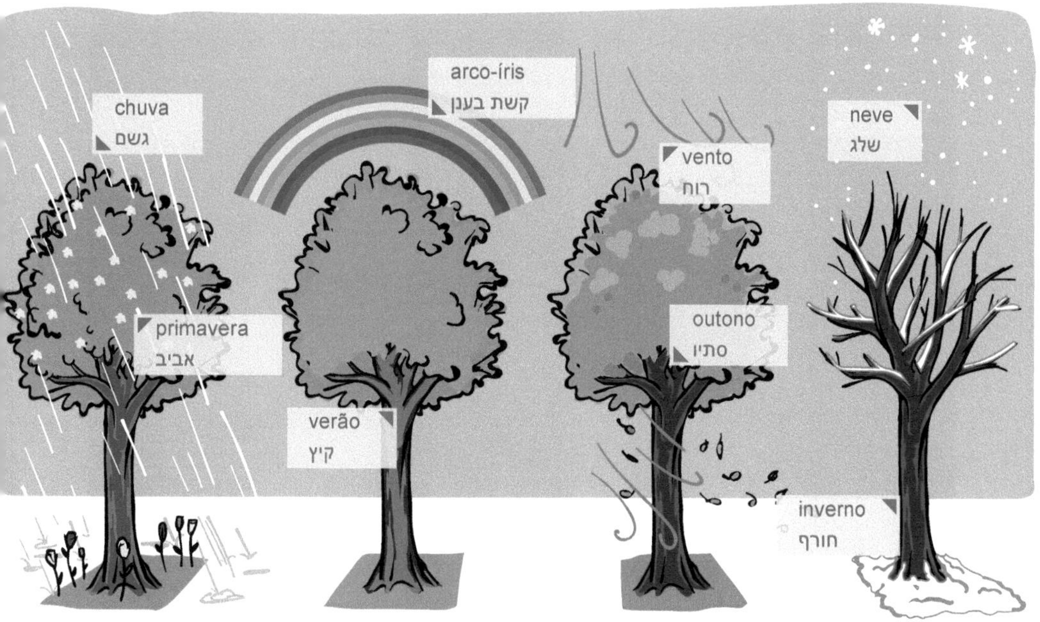

previsão do tempo

תחזית מזג האוויר

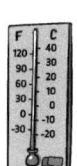

termómetro

מד חום

raios de sol

אור שמש

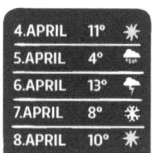

nuvem

ענן

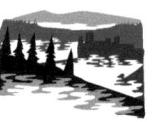

neblina / nevoeiro

ערפל

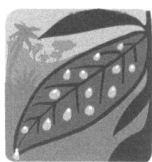

humidade do ar

לחות

relâmpago

ברק

trovão

רעם

tempestade

סערה

granizo

ברד

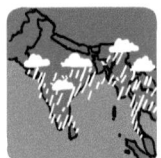

monção

רוח עונתי

inundação

שיטפון

gelo

קרח

janeiro

ינואר

fevereiro

פברואר

março

מרץ

abril

אפריל

maio

מאי

junho

יוני

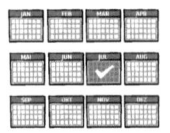

julho

יולי

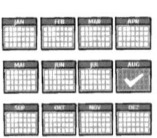

agosto

אוגוסט

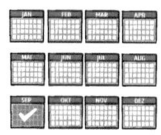

setembro

ספטמבר

outubro

אוקטובר

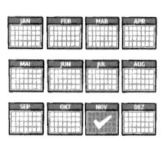

novembro

נובמבר

dezembro

דצמבר

formas

צורות

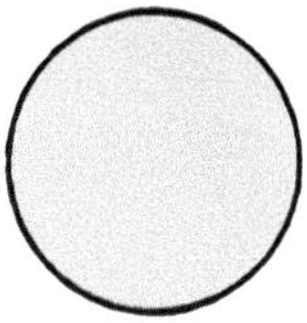

círculo

עיגול

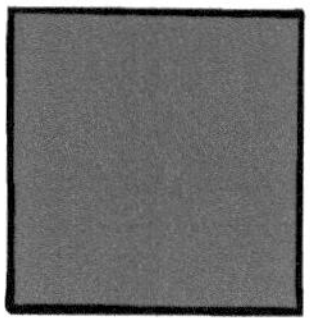

quadrado

מרובע

retângulo

מלבן

triângulo

משולש

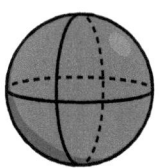

esfera

כדור

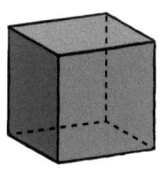

cubo

קובייה

cores

צבעים

branco

לבן

amarelo

צהוב

laranja

כתום

rosa

ורוד

vermelho

אדום

lilás

סגול

azul

כחול

verde

ירוק

castanho

חום

cinzento

אפור

preto

שחור

opostos

הפכים

muito / pouco

הרבה / מעט

furioso / calmo

כועס / רגוע

lindo / feio

יפה / מכוער

princípio / fim

התחלה / סוף

grande / pequeno

גדול / קטן

claro / escuro

בהיר / כהה

irmão / irmã

אח / אחות

limpo / sujo

נקי / מלוכלך

completo / incompleto

שלם / חלקי

dia / noite

יום /לילה

morto / vivo

מת / חי

largo / estreito

רחב / צר

comestível / não comestível

אכיל / לא אכיל

mau / gentil

רשע / טוב לב

entusiasmado / entediado

מתרגש / משועמם

gordo / magro

שמן / רזה

primeiro / último

ראשון / אחרון

amigo / inimigo

חבר / אויב

cheio / vazio

מלא / ריק

duro / macio

קשה / רך

pesado / leve

כבד / קל

fome / sede

רעב / צמא

doente / saudável

חולה / בריא

ilegal / legal

בלתי-חוקי / חוקי

inteligente / burro

נבון / טיפש

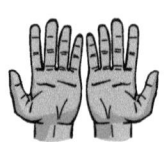

esquerda / direita

שמאל / ימין

perto / longe

קרוב / רחוק

novo / usado

חדש / משומש

nada / algo

כלום / משהו

velho / jovem

זקן / צעיר

ligado / desligado

פעיל / כבוי

aberto / fechado

פתוח / סגור

baixo / alto

שקט / רועש

rico / pobre

עשיר / עני

certo / errado

נכון / שגוי

áspero / liso

מחוספס / חלק

triste / feliz

עצוב / שמח

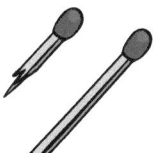

curto / longo

קצר / ארוך

lento / rápido

איטי / מהיר

molhado / seco

רטוב / יבש

ameno / fresco

חם / קר

guerra / paz

מלחמה / שלום

números

מספרים

0	1	2
zero	um	dois
אפס	אחת	שתיים
3	4	5
três	quatro	cinco
שלוש	ארבע	חמש
6	7	8
seis	sete	oito
שש	שבע	שמונה
9	10	11
nove	dez	onze
תשע	עשר	אחת-עשרה

12

doze

שתים-עשרה

13

treze

שלוש-עשרה

14

catorze

ארבע-עשרה

15

quinze

חמש-עשרה

16

dezasseis

שש-עשרה

17

dezassete

שבע-עשרה

18

dezoito

שמונה-עשרה

19

dezanove

תשע-עשרה

20

vinte

עשרים

100

cem

מאה

1.000

mil

אלף

1.000.000

milhão

מיליון

idiomas

שפות

inglês

אנגלית

inglês americano

אנגלית אמריקאית

chinês mandarim

סינית מנדרינית

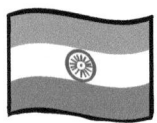

hindi

הודית

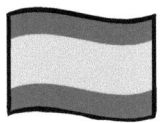

espanhol

ספרדית

francês

צרפתית

árabe

ערבית

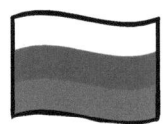

russo

רוסית

português

פורטוגזית

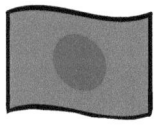

bengalês

בנגלית

alemão

גרמנית

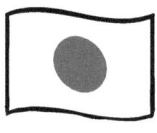

japonês

יפנית

quem / o quê / como

מי / מה / איך

eu

אני

tu

אתה / את

ele / ela

הוא / היא / זה

nós

אנחנו

vós

אתם

eles / elas

הם

quem?

?מי

o quê?

?מה

como?

?איך

onde?

?איפה

quando?

?מתי

nome

שם

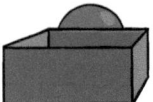

onde

איפה

atrás

מאחור

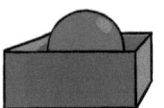

em

בתוך

à frente de

לפני

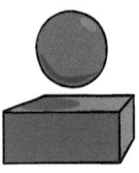

sobre

מעל

em cima

על

debaixo

מתחת

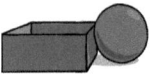

ao lado

ליד

entre

בין

lugar

מקום